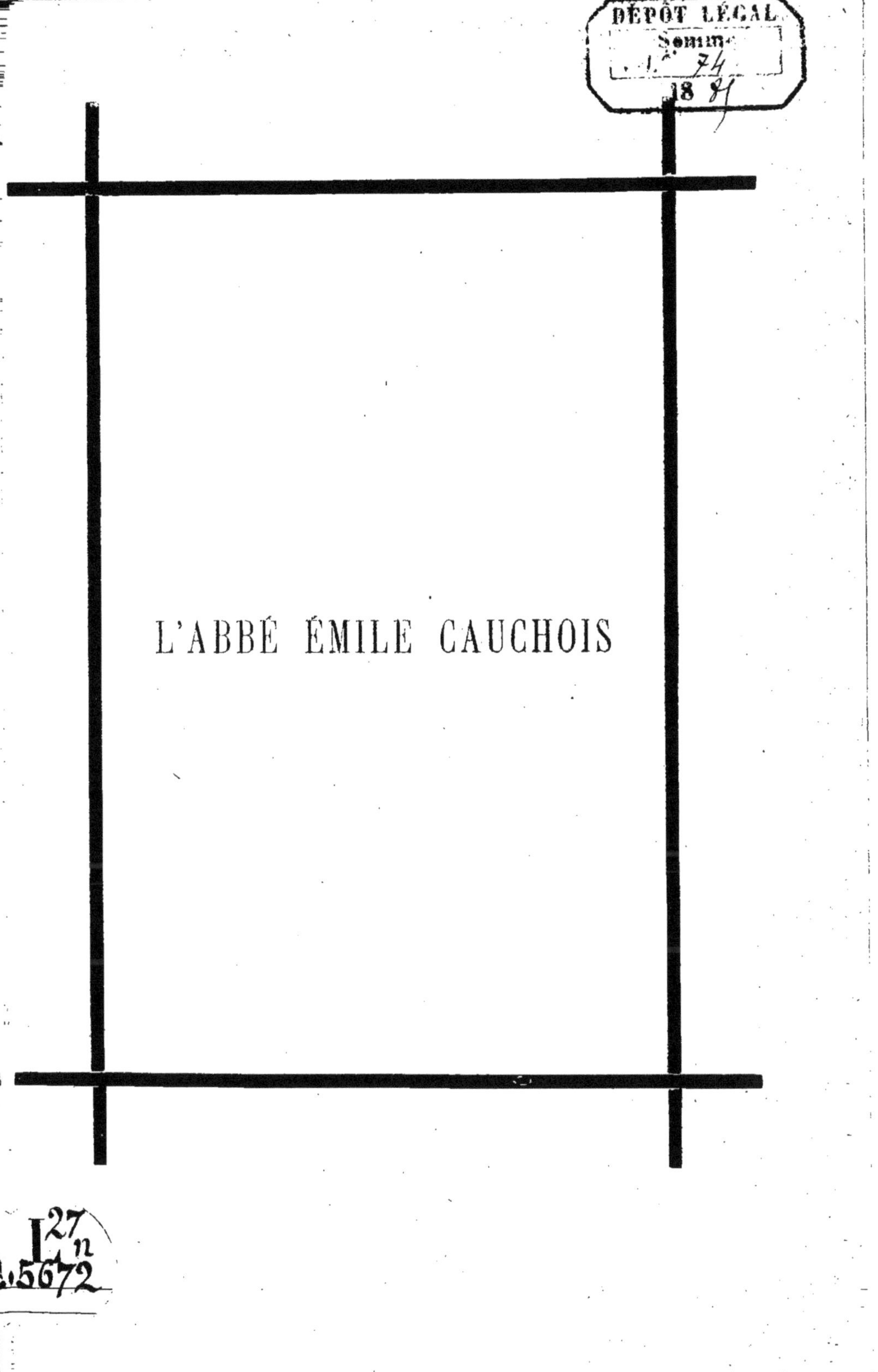

L'ABBÉ ÉMILE CAUCHOIS

L'ABBÉ ÉMILE CAUCHOIS

Dans les catéchismes de paroisse et durant les retraites
de première communion, il n'est pas rare que l'intelligence et la sagesse d'un enfant provoquent l'attention du
pasteur. L'idée lui vient qu'il est peut-être en présence
d'une vocation au sacerdoce. Peu à peu, à mesure que les
dispositions de l'enfant paraissent la confirmer, cette
idée fait son chemin, et bientôt les anges de Dieu
peuvent contempler, dans un presbytère, un nouvel
Héli instruisant Samuel.

Ainsi advint-il pour le futur abbé Cauchois qui, après
quelques mois de rudiments, fut admis en cinquième à
l'école Saint-Stanislas d'Abbeville, à la rentrée d'octobre 1875.

Il suffirait de consulter les notes et les palmarès de
l'école pour savoir qu'il y fut toujours en bonne place.
Ses brillants succès sont encore si récents que la

mémoire en est toute vive chez ses maîtres et ses camarades. Les uns et les autres se prirent vite d'affection pour cet élève pâle et élancé, pétulant et studieux, qui devait tenir plus que d'abord il ne semblait promettre et que sa piété sérieuse conduisit d'elle-même tout droit au Séminaire.

Les vœux de sa famille paraissaient exaucés : mais il était dans les desseins de la Providence de ne les point combler.

Emile Cauchois avait dû interrompre ses études au début de sa classe de philosophie. D'une constitution frêle, que l'hérédité ne pouvait rendre robuste, il grandissait démesurément et dès lors, les symptômes visibles d'une affection de poitrine firent appréhender pour sa vie. Cela devint comme la sourde arrière-pensée de ses protecteurs.

Le mot *Séminaire* qui, pour le remarquer en passant, est pris, aujourd'hui encore, dans le langage populaire, comme synonyme de diète fréquente, est loin, faut-il le dire, de mériter cette réputation. Comme tout élève des écoles supérieures, le séminariste a cette mine un peu austère que donne à vingt ans la vie d'étude, mais le régime des grands Séminaires, de celui d'Amiens en particulier, si sainement situé, n'a rien de débilitant. La nourriture, au contraire, y est substantielle et variée, et un élève a-t-il besoin de quelque supplément, on est heureux de le lui procurer.

Sous ce rapport, M. l'abbé Cauchois n'eut jamais rien

à désirer. Les fils de Saint Vincent de Paul eurent pour l'intéressant malade la générosité ingénieuse de leur Père, et au mois d'octobre 1883, M. le Supérieur daignait envoyer à Nice, dans le but d'améliorer sa santé, celui que nous pleurons et que la douceur du climat, jointe aux meilleures sollicitudes médicales, ne parvint pas à nous conserver.

L'abbé dut regagner son pays natal. Il n'avait plus que huit mois à vivre.

D'aucuns pourront se demander à quoi bon cette notice sur un simple clerc, dont la vie, après tout, n'a rien eu de marquant. Ses amis et ses maîtres l'ayant placé dans leur estime au rang de ceux dont on se plaît à garder le souvenir, en écrivant ces lignes, je sers leur amitié en même temps que mes regrets.

Un prêtre, mort jeune, et qui est resté pour notre génération une des plus sympathiques figures qu'on puisse imaginer, l'abbé Henri Perreyve, a dit, en parlant d'un philosophe (1), enlevé aussi à la fleur de l'âge, que « de toutes les conditions qui peuvent donner une maturité précoce, l'approche même inconnue de la mort est la plus puissante. C'est un astre qui éclaire et échauffe avant de paraître à l'horizon ; c'est un soleil qui féconde les âmes à la veille de se lever sur elles. »

Quand je songe à ce qu'était l'abbé Cauchois dans les dernières années de sa vie, je crois légitime de lui appli-

(1) M. Alfred Tonnellé.

quer à lui chétif, pauvre et inconnu, ces paroles par lesquelles s'explique l'étonnante maturité de son langage et de son jugement.

L'écolier d'il y a dix ans était devenu un esprit droit, sensé, largement compréhensif et voyant juste et loin du premier coup d'œil. Sa physionomie, dès longtemps ouverte et franche, le paraissait de jour en jour davantage. C'était, hélas! l'attrait singulier de ceux qui ne doivent pas vivre. Avec une ardeur que sa mauvaise santé put seule trahir, il s'était si bien mis à l'étude de la philosophie et de la théologie que, si Dieu l'avait permis, il eût plus tard fervemment approfondi ces vastes matières. Ah! ses confidents peuvent le dire, que ses rêves de science étaient élevés! Il profitait du précieux temps du Séminaire pour devenir capable de faire utilement l'œuvre de Dieu et de la sainte Église. Les temps libres, il les employait avec une application au-dessus de ses forces. Pendant les récréations il aimait à agiter avec trois ou quatre de ses condisciples, telle ou telle question, préparée à l'avance dans plusieurs auteurs. Dans la discussion, il étonnait souvent par sa grande facilité. Une fois il lut à ses amis un excellent travail sur l'enseignement. Il s'occupa même pendant quelque temps d'un tableau ethnographique.

Ses deux dernières vacances s'étaient passées à Flers et à Frohen, comme précepteur dans les familles du Bos et du Passage. Au château de Frohen où l'art est honoré à l'égal des plus nobles traditions, il prit goût aux belles choses, et dans sa correspondance de Nice, il ne tarissait point en descriptions de sites et de paysages.

Ces qualités diverses, qui doivent rester secondaires chez un prêtre, étaient basées sur des convictions solides et une foi profonde. Je me souviens de la chaleur avec laquelle il défendit un jour les principes religieux dans uue société où quelqu'un se permit d'appeler un *scandale* l'entrée en religion d'une jeune personne des environs. Ce n'est un scandale que pour les faibles, dit-il simplement : et il se mit à distinguer le *conseil* du *précepte* en termes qui lui valurent après coup l'estime de ses auditeurs.

Il blâmait toute parole injuste et possédait cette intransigeance de conviction qu'on est heureux d'admirer dans sa vigueur première, tant que les accommodements aux circonstances ne l'ont pas encore altérée. « Quand vous serez parfait, disait-il à un mécontent, vous critiquerez les autres; mais alors vous ne le ferez pas. »

Du reste, le témoignage de MM. les Directeurs du Séminaire apporté sur sa tombe par celui qui, le connaissant à fond, l'aimait à si bon droit, dira ce qu'il était et ce qu'on pouvait attendre de lui. « Il fut pour moi, m'écrit un de ses intimes, un ami véritable. Avais-je quelque peine, j'allais la lui confier et toujours je m'en trouvais bien. Il oubliait tout ce qui le touchait personnellement pour s'intéresser à ce qui me concernait. Il avait pour moi les attentions les plus délicates et les plus discrètes. Jamais je ne le quittais sans me sentir plus fort et plus décidé à ne rien épargner pour devenir meilleur. Il m'avait prié de l'avertir de tout ce que je remarquerais en lui de contraire à la gravité exigée des clercs par le Concile de Trente, et souvent il me rappelait la promesse que lui en avais faite. »

Sa régularité fut exemplaire et sa piété effective. De longue date, il se préparait au sous-diaconat. « Je n'ai plus que huit à neuf mois, écrivait-il, pour faire à Dieu le sacrifice de ma liberté à son service : je vous en supplie, un petit souvenir tous les jours dans vos prières, car qui me donnera la force de faire ce pas, si ce n'est Dieu. Je m'attriste à la pensée que je ne suis pas assez pieux, assez saint, et que je ferai peut-être un mauvais prêtre. Oh ! je demande la mort plutôt qu'un aussi horrible attentat. Priez donc et faites prier pour moi autour de vous. »

Certes, à en juger par ses sentiments et les élans de son âme, il eût été un bon prêtre; mais Dieu l'a rappelé à lui, après l'avoir éprouvé par une longue et douloureuse maladie.

Il eut à endurer des souffrances physiques et morales de plus d'une sorte. Ceux qui l'ont soigné et visité ont admiré son courage et sa résignation. Si parfois il lui arrivait de dire : « Comme je souffre? Qu'ai-je donc fait? » il se reprenait aussitôt et achevait sa plainte par des paroles d'abandon à la volonté de Dieu, à ses desseins impénétrables et à sa bonté.

Le jour de l'Assomption, une semaine avant sa mort,

il dit à une personne qui eut toujours sa confiance : « Je suis perdu, c'est fini. J'avais tant espéré en la sainte Vierge et que le jour de sa fête je serais mieux : c'est le contraire, je suis perdu. Entendez les vêpres pour moi : que le bon Dieu ne m'abandonne pas ! »

Toutefois la mort ne lui faisait pas peur : il ne connut point ces affres qui étreignent l'incrédule d'angoisses désespérées. Je n'oublierai jamais le dernier entretien que j'eus avec lui et dans lequel il me parla de la mort avec une fermeté et une sérénité admirables. Sur ce sujet, il manifesta souvent une grande force de caractère et un esprit de foi des plus vifs. « Qu'est-ce que la vie, disait-il? Je ne la regrette pas. J'aurais peut-être pu faire un peu de bien dans le sacerdoce. Dieu connaît ma bonne volonté et m'en récompensera, car j'ai la foi et je plains fort les pauvres gens qui ne l'ont pas, quand il leur faut quitter cette vie qui est tout pour eux. »

Je laisse ici la parole au témoin de son agonie.

— Notre cher abbé avait eu la consolation de recevoir les derniers sacrements de la main de M. le Supérieur du Grand Séminaire. Dès lors, ayant dû renoncer à se faire transporter à Lourdes, comme il en avait formé le projet, sa confiance en Marie ne fit qu'augmenter. « Ne pouvant supporter aucune nourriture, il aimait à prendre l'eau de la grotte que je lui procurais. La veille de sa mort, j'allai le voir comme de coutume : je prévoyais que la fin allait bientôt venir. Depuis plusieurs jours, il parlait à peine, et quand je le quittais, ce n'était plus

« au revoir » mais « adieu » qu'il me disait. Je le trouvai donc fort mal. Il me reconnut, me dit qu'il n'avait presque plus d'eau de Lourdes, me recommanda de prier pour lui, et m'embrassa en me disant : adieu. Je lui offris de lui apporter de l'eau. — Oui, me dit-il, de bonne heure. — Le lendemain matin, quand j'arrivai à Arguel, c'était l'agonie. Il me reconnut et au milieu de ses terribles souffrances, il appelait les siens et nous conjurait tous de le soulager. Ah ! si nous l'avions pu ! A plusieurs reprises, je lui demandai s'il voulait qu'on priât pour lui. Il comprit que je parlais des prières des agonisants. — Non, dit-il, le moment n'est pas encore venu. — Enfin, voyant une nouvelle crise monter, je lui dis : je vais réciter les recommandations. Il articula : Oui, c'est la fin.... Et je terminais à peine les prières, qu'il rendait sa belle âme à Dieu.

Ainsi mourut, à l'âge de vingt-deux ans, notre très cher abbé Cauchois, le jeudi 21 août 1884.

Le surlendemain, on lui fit de touchantes funérailles, auxquelles prit part toute la paroisse d'Arguel. Ses professeurs, ses amis, ses condisciples accoururent en grand nombre et de loin pour lui rendre les derniers devoirs. Des notables des environs étaient venus se joindre au cortège.

Ce fut au milieu d'un groupe d'intimes et avec leur concours, que se fit la cérémonie religieuse. La petite église eut peine à contenir tous ceux qui vinrent honorer la dépouille du jeune lévite et consoler de leur sympathie sa famille en deuil, ce digne octogénaire surtout.

qui voyait s'en aller le plus doux espoir de sa vieillesse.
Nous entendons encore les sanglots des assistants
lorsque le maître si aimé du défunt se mit à commenter
le *Consummatus in brevi* de l'Ecriture. Après quelques
considérations sur la mort, cette séparation d'avec les
parents, les amis et d'avec soi-même, qui plonge tout le
monde dans la tristesse, surtout lorsqu'elle arrive en
pleine jeunesse, au seuil de la carrière — et, ici, de
quelle carrière ! il rappela les vertus et les qualités natu-
relles de son cher élève, son intelligence peu commune
et sa sincérité toute cordiale. Il se plut à mettre en
relief la reconnaissance de l'abbé Cauchois pour tous
ceux qui l'avaient aidé de leurs soins et de leur dévoue-
ment dans son enfance et durant sa maladie et sa grati-
tude pour la maison qui l'avait généreusement élevé.
Trait charmant et caractéristique : l'abbé Cauchois avait
voulu consacrer son premier essai au panégyrique de
Saint-Stanislas. Il comptait inspirer un jour l'amour de
cet aimable patron, en montrant comment l'on est
vraiment heureux de servir Dieu dès sa jeunesse.

Le pressentiment d'une courte existence, ajouta l'ora-
teur, hantait notre défunt. « Mon père, me dit-il un jour,
je mourrai jeune : mais si j'arrive à la prêtrise, priez
Dieu que je prenne place parmi les saints prêtres de ce
diocèse. » Ce qu'il prévoyait est arrivé. Nous pleurons
justement sa perte ; mais nous pouvons nous réjouir de
sa mort de prédestiné, tout en priant pour sa délivrance,
puisque les mystères de la justice de Dieu sont inson-

dables. Oui, prions tous pour lui : vous, parents dévoués, que ce coup déconcerte. Dieu vous dédommagera de vos labeurs et récompensera votre bonne volonté. Priez aussi, vous ses compagnons d'étude et de retraite, qui, plus heureux que lui, arriverez au saint autel où il désirait tant monter.

Après ces paroles si émouvantes, l'absoute finie, les jeunes gens du village conduisirent au cimetière la dépouille de leur pieux compatriote.

Elle y attend en paix la résurrection.

La mémoire de M. l'abbé Cauchois devait être religieusement gardée. Sans parler des messes auxquelles lui-même avait pourvu dans l'étroite mesure de ses moyens, ses bienfaiteurs et ses amis n'ont pas manqué de prier et de faire prier pour le repos de son âme.

Le 15 octobre, un service funèbre fut chanté à son intention dans la chapelle du Grand Séminaire. Rien d'émouvant comme ces cent voix fraternelles, implorant à l'unisson des cœurs la suprême Pitié pour l'aimable lévite « mort dans la fleur de la foi, de la jeunesse et de la vertu. »

Ce même jour, un mercredi, une amicale oraison funèbre fut prononcée, à la salle de prédication, par un de ses anciens condisciples de Saint-Stanislas dont la vocation avait grandi à côté de la sienne ; et, dans l'après-midi, une collecte était faite parmi les séminaristes pour orner d'un monument durable la tombe du regretté défunt.

Les pèlerins qui, se rendant au Mont d'Arguel par le haut du village, verront, à l'entrée du cimetière, un tombeau en forme de croix, pourront y lire cette inscription :

1862-1884

A

LA CHÈRE MÉMOIRE

DE

M. L'ABBÉ ÉMILE CAUCHOIS,

CLERC MINORÉ,

MORT DANS LE SEIGNEUR,

SES AMIS

DU GRAND SÉMINAIRE

ET DE

SAINT STANISLAS

ONT ÉRIGÉ CETTE CROIX.

DE PROFUNDIS.

Ces trépas prématurés qui anéantissent ici-bas tant d'espérances et font couler tant de larmes, inspirent une mélancolie qui, malgré tout, n'est pas sans douceur.

L'un de ces jeunes hommes d'élite, dont j'ai cité plus haut les paroles, en a fait la remarque, et l'on me permettra de clore ces pages par les réflexions suivantes de l'abbé Perreyve :

« Nous ne sommes point ici-bas dans le lieu où s'achèvent les choses, mais dans celui où elles commencent. De quelque côté que je regarde l'homme, je ne vois en lui qu'une ébauche divine, *initium aliquod creaturæ,* qui, à partir de sa petitesse, grandit sans fin et sans repos, cherchant à travers la vicissitude des jours présents cet âge parfait qui lui donnera la plénitude de l'être : *donec occurramus in virum perfectum.*

Dans cet état d'initiation perpétuelle, qui est la vie terrestre, l'important n'est pas pour l'âme de recevoir des hommes ou de leur révéler une partie plus ou moins grande de la science qui sera donnée tout entière au delà du tombeau, mais de marcher avec joie et avec force dans le sens de la divine orientation, et de ne pas s'arrêter le long du chemin aux appels trompeurs des choses qui ne sont pas le but. Quand une âme possède le secret de ce céleste discernement, et qu'au milieu des ombres d'erreur et de volupté, qui l'entourent en ce monde, elle soutient courageusement sa marche vers le foyer de la lumière éternelle, elle est déjà dans cette voie de la vision dont parlent les saints, *in via visionis,* et l'heure suprême, si elle la surprend dans cette voie, ne fait qu'abréger la marche et supprimer en un moment toutes ses longueurs.

De là vient qu'à travers les larmes qu'elles laissent après elles, les jeunes morts ont je ne sais quel charme particulier dont on ne saurait se défendre. On sent bien que l'âme pure et ardente qui tendait à pénétrer dans le sanctuaire de toute vie gagne beaucoup à ne pas languir longtemps sous le portique. et que bienheureuse est-elle de posséder déjà la substantielle harmonie dont nous saisissons si péniblement les premiers préludes !

Je ne voudrais pas plaindre ces âmes privilégiées. Les anciens les enviaient, et chantaient que ceux qui tombent jeunes sur le champ de bataille sont les enfants chéris des dieux. Encore moins voudrais-je dire qu'elles n'ont pas achevé leur œuvre. Si l'on entend par ces mots le rassasiement d'un être qui a su atteindre l'extrémité de ses désirs, quelle âme ardente achève son œuvre ici-bas et peut nourrir l'espérance de s'endormir satisfaite ? Toute science ne se change-t-elle pas dans une telle âme en nouvelle soif de savoir ? et tout amour fait-il autre chose en elle que d'y creuser cet abîme des désirs que peut seule combler la possession de Dieu ? Non ! non ! rien de grand ne se termine ici. C'est assez pour la gloire d'une âme d'avoir commencé le cantique. A quelque strophe que la main du divin Maître arrête son chant, il était achevé, car il appelait le suprême bien, et qu'y aurait-il au delà ? »

Péronne. — Imp. Lud. CRÉTY, 24, Grande Place.

9 782019 624910